HAUTE-COUR NATIONALE.

ON sait assez maintenant que la principale cause des lenteurs que l'on a reprochées à la haute-cour nationale, étoit dans les lois mêmes.

On a trop peu considéré, peut-être, que la plupart des affaires portées à ce tribunal, étant ou compliquées par elles-mêmes, et chargées de pieces innombrables, ou fondées sur des événemens arrivés aux différentes extrémités de l'empire, d'où l'on ne pouvoit avoir qu'après des longueurs et des peines infinies, des procès-verbaux, des instructions et des témoins, ne pouvoient être expédiées aussi promptement que des affaires ordinaires, qui naissent dans une seule ville ou dans un seul département.

Mais en reprochant aux juges en particulier, avec autant de légéreté qu'on l'a fait, ces lenteurs qui excitoient l'impatience de la nation, et qui avoient aussi souvent leurs causes dans l'assemblée nationale elle-même, on a trop oublié les fonctions et les devoirs dans lesquels ils se trouvoient rigoureusement restreints, et le rôle presqu'entierement passif dont ils étoient chargés.

Les grands-juges de la haute-cour nationale ne pouvoient qu'interroger les accusés, lorsque ceux-ci, et leurs actes d'accusation étoient arrivés; et il falloit presque toujours attendre, soit les actes d'accusation, soit les personnes, plus ou moins long-

A

temps (1). Ils ne pouvoient que rendre des ordonnances sur les requêtes incidentes et les demandes des grands-procurateurs ou des accusés; accorder des cédules pour assigner des témoins; recevoir leurs déclarations lorsqu'ils étoient arrivés; procéder aux tirages des hauts-jurés, et les mander lorsque les affaires étoient prêtes, ou paroissoient sur le point de l'être.

Mais les poursuites des affaires dépendoient des grands-procurateurs, qui étoient chargés d'assez de travaux, et qui en ont fait d'assez considérables. Leurs correspondances seules avec les corps administratifs, pour avoir des instructions et découvrir des témoins, et avec les comités de l'assemblée nationale, ou l'assemblée nationale elle-même, soit pour solliciter les plus simples réformes, soit pour dénoncer les négligences du pouvoir exécutif, soit pour demander des pièces indispensables, et faire rectifier des erreurs de rédaction, a été pour eux une

______

(1 M. Molette, décrété d'accusation en avril, n'a été transféré à Orléans que le 25 juillet. MM. Chalier et Gautier, décrétés au mois de décembre, sont arrivés à Orléans le 12 juin. M. Labigne, décrété au mois de janvier, a été transféré dans la même ville le 27 août.

M. Mavoisin avoit été décrété d'accusation au mois de décembre; son acte d'accusation n'est que du 4 février, et n'est parvenu à la haute-cour-nationale que le 14. M. Larivière est arrivé à Orléans le 29 mai; son acte d'accusation n'est parvenu à la haute-cour que le 9 juin. M. Brissac, transféré à Orléans le 30 mai; son acte d'accusation, décrété le 12 juin, n'est parvenu à la haute-cour que le 21. L'acte d'accusation dans l'affaire de Mende est du 10 avril, et n'a été reçu à la haute-cour que le 19. M. Dabancourt a été décrété d'accusation le 11 août; son acte d'accusation est du 29; la haute-cour ne l'avoit pas encore reçu lorsque les accusés sont partis d'Orléans le 3 septembre.

tâche d'autant plus accablante , que presque toujours il leur falloit redemander nombre de fois les mêmes choses ; et que souvent on leur faisoit des réponses qui n'étoient pas directes à leurs demandes.

Cependant les inculpations étoient dirigées contre les grands-juges , comme s'il eût dépendu d'eux uniquement d'anéantir des obstacles si grands et si multipliés. Leurs lettres à l'assemblée nationale y étoient rarement lues , ou les journalistes n'en parloient qu'inexactement. Les membres des comités , témoins des nombreuses dénonciations portées dans le sein de l'assemblée nationale contre la haute-cour , gardoient le silence ; tandis que leurs relations avec les grands-procurateurs , les connoissances qu'ils avoient des opérations de ce tribunal, et leur plus grande activité, auroient pu les mettre à même de repousser ces dénonciations , et même de les prévenir : et si l'on avoit enfin reconnu depuis quelque temps les inconvéniens de la procédure établie pour la haute-cour nationale, on n'en a pas moins reproché depuis aux grands-juges de n'avoir pas su *passer sur les formes.*

Si l'on avoit entendu par là leur faire un crime de n'avoir pas jugé des procès criminels, sans témoins, sans pièces et sans jurés, et de n'avoir pas violé arbitrairement des lois formelles ; il est tout simple que cette absurdité ne mériteroit pas de réponse.

Mais si l'on a cru qu'ils n'avoient porté dans leurs fonctions que cet esprit pointilleux de légiste , qui ne sait voir dans les lois que des raisons de s'embarrasser, et de s'arrêter à chaque pas dans leur application , sur le prétexte des formes, quelques traits vont faire connoître si c'est un tel esprit qui a dirigé les grands-juges de la haute-cour-nationale.

Le 24 mars s'éleva la grande question de savoir si

4

les hauts-jurés pourroient remplir leurs fonctions dans
plusieurs affaires. Quelques hauts-jurés avoient an-
noncé leur résolution de se refuser à ce système, en
cas qu'il fût adopté. Le commissaire du roi se déclara
pour cette négative, en se fondant sur un mot de la
loi qui sembloit favoriser son opinion. Il concluoit
à ce que l'on consultât l'assemblée nationale, ce qui
auroit été la rejeter dans la difficulté où elle s'étoit
trouvée par rapport au *veto*. Les grands-juges prirent
les dispositions de la loi dans leur ensemble, et dans
le sens de la raison, pour prononcer l'affirmative.

Le 29 mai l'assemblée nationale avoit rendu un
décret sur les délais des récusations. Ce décret qui
passoit à l'ordre du jour, ne prononçoit rien sur les
demandes qui avoient été faites aux comités par les
grands - procurateurs, sur cet important objet. Les
grands-juges cherchèrent et crurent trouver dans le
considérant de ce décret des moyens de simplifier les
délais des récusations ; mais ils furent obligés d'écrire
pour avoir cette loi, au ministre de la justice, qui ne
devoit pas attendre qu'on la lui demandât, et ils ne
l'ont reçue que le 9 juillet.

Le 15 juin les grands-procurateurs reçurent l'acte
d'accusation de M. Brissac, arrivé à Orléans depuis
plusieurs jours ; et en faisant la remise de cet acte, ils
demandèrent qu'on procédât à l'interrogatoire de l'accusé. Le commissaire du roi s'y opposa, en alléguant
qu'il n'avoit pas encore reçu l'acte officiellement, et que
les juges ne devoient en faire usage que lorsqu'il seroit
envoyé par le pouvoir exécutif. Les grands-juges décidèrent, contre les conclusions du commissaire du
roi, que M. Brissac seroit entendu, puisque son acte
d'accusation étoit remis au greffe.

Le 23 juin des officiers municipaux consultèrent

les grands-juges sur une demande que leur faisoient quelques témoins, pour voir des accusés, autres, toutefois, que ceux pour l'affaire desquels ils avoient été assignés. Les grands-juges se crurent autorisés à rendre une ordonnance pour défendre l'entrée des prisons à tous les témoins, sur quelque prétexte que ce fût (1).

Le 18 juillet le ministre de la justice écrivit aux grands-juges, par les ordres, à ce qu'il disoit, de l'assemblée nationale, pour leur prescrire d'exclure des fonctions de hauts-jurés tous les juges et les administrateurs, dont la loi du 9 septembre 1791 déclare en effet les fonctions incompatibles avec celles des jurés ordinaires. A cette époque tous les tableaux de hauts-jurés étoient arrêtés; ils avoient été faits sur la liste adoptée et publiée, et consacrée par l'assemblée nationale elle-même, sur des procès-verbaux d'élection. Près des deux tiers des hauts-jurés composant cette liste, étoient de ces fonctionnaires publics exclus du juré ordinaire, par des raisons qui ne pouvoient être applicables à la haute-cour, dont la loi qui l'a établie ne laissoit d'ailleurs aucune équivoque sur ce sujet. Cependant la leçon que donnoit le ministre aux juges, au nom de l'assemblée nationale, ne tendoit à rien moins qu'à désorganiser la haute-cour, à nécessiter de nouvelles élections de hauts-jurés dans les

---

(1) La police des prisons et maisons de justice appartient exclusivement aux municipalités; mais les grands-juges se fondèrent sur l'art. 9 du tit. 13 de la loi du 29 septembre 1791, qui *attribue au juge le pouvoir de donner dans les maisons de justice tous les ordres qu'il croira nécessaires pour l'instruction.*

Haute-cour nationale.   A 3

départemens , et à renvoyer à des tems incertains et très-éloignés , plusieurs procès qui pour lors étoient près d'être jugés.

Les grands-juges écrivirent à l'assemblée nationale pour lui exposer toutes ces considérations. Ils rapporterent les dispositions de la loi relative à la haute-cour-nationale qui légitimoient leurs tableaux, et ils déclarèrent qu'ils suivroient respectueusement toutes les nouvelles loix que l'assemblée nationale jugeroit à propos de faire ; mais que jusque-là, ils continueroient des opérations autorisées par la liste même, qui étoit son ouvrage, à laquelle toutes les autorités et l'opinion générale avoient donné leur assentiment, et contre laquelle il ne s'étoit élevé aucune réclamation. Il ne parut pas que cette lettre eût été lue à l'assemblée nationale ; les grands-juges y en envoyèrent un duplicata , qui eut le même sort, mais ils poursuivirent leurs opérations.

Le premier juillet les grands-procurateurs demanderent que les actes faits par le juge-de-paix Lariviere, et qui étoient le fondement de son procès, fussent apportés en minutes au greffe de la haute-cour. Cet accusé s'y opposa, en demandant que l'on ne fît apporter que des expéditions ; il fut soutenu par le commissaire du roi, qui, à l'audience du 21 juillet, allégua le principe général que des minutes ne devoient pas être déplacées. Les grands-juges décidèrent que les minutes seroient apportées.

Après la révolution du 10 août, les grands-juges s'apperçurent que quelques accusés ne montroient plus, pour être jugés, un empressement qu'ils avoient témoigné avant cette époque avec assez peu de ménagement pour les membres du tribunal, comme on peut le voir dans des requêtes présentées par eux à ce sujet. Ils crurent voir ces dispositions dans de nouvelles demandes pour faire assigner des témoins, qui paroissoient tardives, et qui pouvoient successivement être renouvelées indéfinitivement, ce que la loi n'avoit pas prévu. Les grands-juges ordonnerent, le 15 août, que du moment où les mandemens seroient expédiés pour convoquer les hauts-jurés, les accusés n'auroient plus que trois jours pour indiquer les témoins qu'ils voudroient faire assigner. Les grands-juges crurent que cette disposition s'accordoit également avec les droits d'un accusé, et les pouvoirs que la loi laissoit entre leurs mains, pour opérer la manifestation de la vérité. D'un côté, les accusés avoient eu assez de temps, depuis la notification de leur acte d'accusation, jusqu'à la convocation des hauts-jurés, pour se rappeler et indiquer leurs témoins. De l'autre côté, des demandes pour faire assigner des témoins, successives et indéfinies, pouvoient éterniser tous les procès, et en rendre les jugemens impossibles. La loi du 25 août a adopté des moyens plus propres encore à accélérer les jugemens; mais presque toutes les dispositions de cette loi avoient été sollicitées vainement pendant toute l'année, par les grands-juges, et sur-tout par les grands procurateurs. Et l'on auroit pu s'attendre que le rapporteur du comité, qui a provoqué cette loi, auroit rendu hommage à cette vérité.

Après la translation des accusés détenus à Orléans, le 3 septembre, il étoit possible de juger encore des procès de contumace , pour lesquels les hauts-jurés avoient été convoqués dans le mois d'août.

Le 9 septembre , l'un des grands-juges, leur président, tomba dans un état de maladie grave. Le 12 , les grands-juges et les grands-procurateurs, en donnèrent avis à l'assemblée nationale et aux comités , en observant qu'il étoit toujours possible de juger les contumaces , si on remplaçoit le président du tribunal.

Le 15 , on reçut une loi du 12 , qui ordonnoit le renvoi, sans distinction , des hauts-jurés et des témoins. Les grands-juges crurent devoir excepter de ce renvoi , les hauts-jurés convoqués pour les affaires des contumaces.

Le 17 , le juge qui étoit malade , reçut , du ministre de la justice , son congé ; mais on n'avoit point pourvu à son remplacement ; on ne l'a fait que deux jours après. Mais quand dans sa séance du 26 de ce mois (septembre) la convention nationale a prononcé la suppression de la haute-cour , le nouveau juge nommé en remplacement n'avoit pas encore reçu le décret de sa nomination : et il n'étoit pas encore arrivé à Orléans le 28 , lorsque le décret de suppression a été présenté à la haute-cour , par le commissaire national.

Or , c'est pendant qu'on laissoit les membres de ce tribunal, dans cette position et cette nullité , malgré leurs réclamations, leurs instances, et tous leurs efforts pour l'éviter ; c'est pendant que trois d'entr'eux , quoiqu'appelés à la convention nationale par la confiance de leurs commettans , restoient encore volontairement au poste le plus désavantageux, pour y veiller avec plus de soin , et y terminer les travaux qui restoient à faire ; que l'on proposoit dans cette assemblée, où ils n'étoient pas, de les déclarer indignes de la confiance de la nation.

Les mémoires remis aux commissaires du pouvoir exécutif, envoyés à Orléans, contiennent tous les détails qu'on pourroit désirer sur les travaux de la haute-cour-nationale. On y doit voir les difficultés que ses membres ont eu à vaincre, les peines qu'ils ont eu à souffrir, et la constance avec laquelle on avoit négligé de faciliter et d'accélérer leurs opérations, lorsqu'ils n'avoient cessé d'en demander les plus simples moyens, à ceux qui pouvoient les leur donner. On y doit voir, ce que personne n'ignore aujourd'hui, que la haute-cour-nationale, quoiqu'établie au mois de décembre, n'a pu entrer en fonctions que le 4 février, par la négligence du ministre de la justice ; et qu'une erreur dans la liste des hauts-jurés, découverte le 13 avril, réparée seulement dans le mois de mai, lorsqu'elle pouvoit l'être dès le premier jour, a obligé d'attendre la réception de cette liste rectifiée, jusqu'au 16 mai, et de recommencer les tableaux des hauts-jurés à cette époque.

Ici, nous montrons quel esprit conduisoit les juges dans les décisions qu'ils avoient à rendre, en répondant au reproche qu'on leur a fait en dernier lieu, de s'être laissé arrêter par des formes minutieuses et vaines.

Nous avons pensé qu'au moment d'entrer à la convention nationale, nous devions rendre ce compte à nos collegues, afin de les mettre à même de comparer, avec les plaintes et les déclamations qui se sont si injustement élevées contre nous, nos actions et nos principes. Nous attendons de leur générosité, que ceux d'entr'eux, qui croiroient avoir encore des reproches à nous faire, voudront bien désormais les proposer en notre présence.

Signé, J. J. MARQUIS.

JACQUES-ANTOINE CREUZÉ.

www.ingramcontent.com/pod-product-compliance
Lightning Source LLC
Chambersburg PA
CBHW061859080726
47597CB00010BA/4309